DU ROLE

DES

DISCIPLES

DU CHRIST

DANS

L'ÈRE RÉPUBLICAINE ET SOCIALISTE

PARIS

E. DENTU, ÉDITEUR

LIBRAIRE DE LA SOCIÉTÉ DES GENS DE LETTRES

PALAIS-ROYAL, 15-17-19, GALERIE D'ORLÉANS

DU ROLE

DES

DISCIPLES DU CHRIST

F. AUREAU. — IMPRIMERIE DE LAGNY.

DU ROLE

DES

DISCIPLES

DU CHRIST

DANS L'ÈRE RÉPUBLICAINE ET SOCIALISTE

PARIS

E. DENTU, ÉDITEUR

LIBRAIRE DE LA SOCIÉTÉ DES GENS DE LETTRES

PALAIS-ROYAL, 15-17-19, GALERIE D'ORLÉANS

—

1880

Tous droits réservés

DU ROLE

DES

DISCIPLES DU CHRIST

DANS L'ÈRE RÉPUBLICAINE ET SOCIALISTE

I

BUT DE CET ÉCRIT

J'ai publié, il y a deux ans, une brochure intitulée : *Les réformes nécessaires* (1), par un catholique, républicain et socialiste.

J'ai donné dans cet écrit les motifs de ma foi religieuse, la justification de mes opinions politiques et sociales. J'ai montré que depuis la venue du Christ, l'humanité avait toujours progressé, et que d'améliorations en améliorations, de perfectionnements en perfectionnements, elle était arrivée dans l'ordre politique à la forme républicaine. J'ai prouvé que l'avenir de la société reposait sur le catholicisme, la République et le vrai socialisme. J'ai dit qu'il y avait deux socialismes : le faux socialisme, justement condamné par le souverain pontife et par tous les honnêtes gens, et le vrai socialisme, le socialisme chrétien, dont l'application est devenue d'une absolue nécessité. J'ai expliqué ce qu'était le

(1) E. Dentu, éditeur, Palais-Royal, Paris.

vrai socialisme. Enfin, j'ai indiqué les réformes qu'il y aurait à faire, selon moi, pour que la République fût bien organisée et que le vrai socialisme y fût mis en pratique. Ne pouvant, reproduire tout ce que j'ai dit dans cet écrit, je me réfère à cette première brochure, dont celle-ci n'est en quelque sorte que la suite et le corollaire.

Je veux démontrer aujourd'hui que la République, conséquence du progrès social, est le seul gouvernement qui puisse convenir à la France; que la sagesse, l'intérêt, le patriotisme commandent aux anciens partis de s'y rallier, et que les catholiques en s'y ralliant, et en soutenant le vrai socialisme, sauveraient la société menacée par le socialisme athée, ou autrement dit par le communisme.

Puissé-je ouvrir les yeux aux hommes de bonne volonté de tous les partis, dissiper leurs préjugés contre le catholicisme, leurs préjugés contre la République et le socialisme, les amener à opérer promptement des changements logiques et indispensables, leur faire comprendre qu'il y a des nécessités de situation, auxquelles il faut obéir, les rapprocher les uns des autres, les réconcilier, et préserver ainsi ma patrie de nouvelles épreuves et de nouveaux malheurs!

Ah! s'ils ferment toujours les yeux à la lumière, s'ils s'ancrent dans leurs inutiles regrets, dans leurs haines aveugles, s'ils méconnaissent la puissance des événements, s'ils méprisent les issues que leur offre la Providence, s'ils ne mettent pas à profit le temps d'agir qu'elle leur donne, ils pousseront la France vers l'abîme, mais ils n'arrêteront pas la marche de l'humanité. — Quelque longue et terrible que soit la crise sociale qu'ils pourront faire éclater, elle ne durera pas toujours et n'emportera ni le socialisme, ni la République, ni le catholicisme. Vaine aura été leur résistance, et ils se verront forcés d'adopter les réformes et les changements qu'ils auront follement combattus et follement repoussés.

Non! non! on ne peut faire rebrousser chemin aux nations chrétiennes! On ne peut stériliser les paroles du Christ! Il

faut que les monts soient abaissés, que les vallons soient
comblés, et les monts seront abaissés, et les vallons seront
comblés !

Quand les inévitables changements dont je viens de parler
se seront accomplis, sans cataclysme, je l'espère, la France
aura fait un grand pas dans la voie du progrès. L'ère républicaine et socialiste sera ouverte pour l'humanité.

II

MAJORITÉ CHEZ LES PEUPLES

Tous les peuples civilisés et chrétiens marchent vers
démocratie. C'est un fait que chacun voit, que personne ne
peut nier.

La démocratie ayant pour conséquence la République, il
est évident que tous les peuples se constitueront en république dans un laps de temps dont on ne peut déterminer
la durée, car ce laps de temps dépendra du degré de civilisation de ces peuples, de leur avancement dans l'ordre politique et social, des circonstances qui pourront leur permettre
de changer la forme de leur gouvernement.

Pour qu'un peuple ait atteint sa véritable majorité, qu'il
puisse exercer la plénitude de la souveraineté, qu'il soit
une parfaite démocratie, il faut des conditions nombreuses,
et des conditions fort diverses, bien qu'elles s'enchaînent les
unes aux autres.

Un examen attentif des progrès accomplis par les peuples
chrétiens depuis la venue du Christ jusqu'à nos jours, la
connaissance des changements survenus dans leurs institutions, l'étude de leur état actuel, et notamment de l'état ac-

tuel de la France, permettent à la raison, selon moi, de découvrir et de déterminer les principales de ces conditions. Les voici :

Il faut que ce peuple soit fortement constitué, complètement unifié; qu'il soit habitué à l'action du pouvoir central ; qu'il craigne et respecte les représentants de ce pouvoir ; qu'il n'y ait plus de rivalités ni de haines entre ses provinces, que leur autonomie ait disparu, qu'elles se soient en quelque sorte fondues les unes dans les autres.

Il faut que tous les grands services publics y aient été établis et y fonctionnent régulièrement, que les voies de communication y soient nombreuses, promptes et faciles; que le service des postes et du télégraphe y embrasse tout le territoire ; que les impôts s'y recouvrent sans opposition, et qu'un contrôle sévère préside à leur emploi; que la justice y soit rendue d'une façon uniforme par des juges indépendants et par conséquent inamovibles; que les populations rurales comme les populations urbaines y jouissent de l'instruction primaire ; qu'une police bien faite y maintienne l'ordre et la paix publique ; enfin que l'armée y soit bien disciplinée, obéissante et attachée à la loi.

Il faut que ce peuple n'ait plus de classes privilégiées, que devant la loi tous les citoyens y soient égaux, qu'ils puissent arriver par leur capacité et leur mérite à tous les emplois, aux plus hautes fonctions de l'État; que la liberté de conscience y soit reconnue, garantie par la loi et passée dans les mœurs; que le commerce, l'industrie et l'agriculture y aient pris un grand développement; qu'un nombre considérable de citoyens y aient acquis par leur travail une aisance relative ; que la propriété y soit morcelée, la fortune largement divisée; que la noblesse y soit affaiblie, rendue impuissante par le partage des successions.

Il faut que la plupart des citoyens y possèdent, grâce aux écoles et aux cours publics, grâce aussi à la Presse, une certaine connaissance des hommes et des choses, qu'ils comprennent l'utilité des lois, la nécessité du gouvernement, qu'ils s'intéressent à son fonctionnement, qu'ils y participent par le choix et l'élection des représentants de la nation, qu'ils soient convaincus que la souveraineté dans l'ordre civil et politique appartient aux nations, et qu'elles peuvent se gouverner comme elles l'entendent, pourvu qu'elles respectent les grandes lois morales que Dieu a établies pour que les hommes puissent vivre en société.

Il faut, en un mot, que ce peuple, sous l'influence des principes chrétiens, soit arrivé à un état de civilisation avancée, et que dans son gouvernement, dans ses institutions, dans ses mœurs, ses sentiments et ses idées, il porte l'empreinte de ces principes.

Je conclus de tout ce qui précède, qu'il est nécessaire que ce peuple, après s'être constitué, unifié, dégrossi, sous la monarchie absolue ; façonné, enrichi, perfectionné, sous la monarchie limitée et la monarchie parlementaire, ait été préparé, sous cette dernière, à l'exercice de la souveraineté, à moins que ce peuple ne soit un peuple nouveau, composé d'hommes appartenant à des nations avancées en civilisation, et que, par cela même, il ne se trouve dans les conditions que je viens de spécifier.

La monarchie parlementaire n'étant qu'une république déguisée, puisque le roi n'y joue plus qu'un rôle effacé et négatif, est la meilleure transition qu'un penple puisse avoir pour passer de la monarchie à la République.

Quand un peuple se trouve dans les conditions ci-dessus indiquées, il est apte à se gouverner lui-même ; il est véritablement majeur ; il peut devenir une parfaite démocratie.

Alors que ce peuple soit un peuple ancien ou un peuple nouveau, il adoptera la forme républicaine pour son gouvernement. Si c'est un peuple nouveau, il se constituera en République et la monarchie y sera impossible. Si c'est un peuple ancien, constitué en monarchie, il profitera de la première occasion favorable pour se donner un gouvernement républicain. L'habileté, la sagesse des rois, pourront retarder ce changement, mais ne l'empêcheront pas. La majesté royale aura disparu. Le roi ne sera plus aux yeux de ce peuple, qu'un simple fonctionnaire. On le jalousera ; on scrutera sa vie privée ; on grossira ses moindres écarts, ses moindres faiblesses. On inventera mille histoires sur son compte. On les colportera de bouche en bouche en les amplifiant. On en fera de même pour les princes et les princesses. Quand le roi se montrera en public, on ne le saluera même pas. Le cortège royal n'impressionnera plus personne. On le regardera comme on regarde un défilé de théâtre. On rira, on se moquera de ceux qui le composent, en commençant par le roi ; chacun trouvera que les nombreux serviteurs, les nombreux officiers, les nombreux courtisans, dont le roi est entouré, ne rendent aucun service au pays, que sa pompeuse cour n'a plus de raison d'être, que sa liste civile, que les dotations des princes et des princesses grèvent le budget sans utilité, que le tout ensemble constitue une lourde charge pour l'Etat, et qu'il serait heureux de pouvoir s'en débarrasser ; que les choses n'en marcheraient pas plus mal, puisque le roi ne gouverne pas, et qu'il est forcé d'obéir aux députés de la nation. Il faut convenir que c'est logique, et l'on peut facilement comprendre quelle en sera la conséquence. La fierté maladroite ou l'inconduite du souverain, une résistance inopportune de sa part, une guerre mal conçue et malheureuse, une crise commerciale, le moindre choc populaire suffiront pour que le trône soit brisé, et que la République soit proclamée.

. Je sais bien que les princes et leurs partisans ne disparaîtront pas comme par enchantement, qu'ils lutteront plus ou moins longtemps, avec plus ou moins d'énergie ; je sais bien que par d'habiles coups de main, ils pourront ressaisir le pouvoir et le ressaisir peut-être plusieurs fois, mais ils ne le conserveront pas longtemps, et ils finiront par être délaissés et impuissants. Ils ne pourront gouverner que par l'intimidation, et l'intimidation chez un peuple démocratique ne dure pas. De violentes colères s'amasseront dans le cœur des citoyens. Une nuit, des grondements sinistres se feront entendre, la terre tremblera, les pavés lanceront la foudre, et l'édifice monarchique, follement relevé, sera réduit en poussière. L'invincible courant, qui entraîne l'humanité en avant, reprendra son cours régulier et fécond, car il n'y a pas de force humaine qui puisse le détruire.

Mais lorsqu'un peuple n'a pas atteint sa véritable majorité, qu'il ne se trouve pas dans les conditions que j'ai énoncées, il n'est pas apte à exercer la plénitude de la souveraineté, il ne peut utilement se gouverner lui-même.

Si c'est un peuple ancien, ayant un gouvernement monarchique, c'est en vain que par surprise l'on remplacera ce gouvernement par un gouvernement républicain. Ce dernier gouvernement ne s'y maintiendra point. En supposant que ceux qui le composeront soient de vrais républicains, qu'ils soient capables et honnêtes, ils seront tout d'abord dominés par les hommes d'action, par les hommes les plus audacieux et les plus violents de leur parti. Ces hommes, soutenus par une populace aveugle, leur imposeront leur volonté, et il faudra que trop souvent, malgré eux, ils deviennent les instruments de leurs rancunes et de leurs convoitises. La grande majorité des citoyens courberont la tête. Ils n'oseront résister, mais ils ne supporteront qu'avec dégoût le gouvernement qui leur sera si brutalement imposé. Ils regretteront avec raison leur ancien gouvernement. La royauté aura toujours pour eux le même prestige. Ils ne considéreront pas le roi comme un fonctionnaire de l'Etat. Ils le regarderont comme le seul représentant de l'autorité, comme l'indispensable pivot de l'ordre et de la paix publique. Revenus bientôt de leur stupeur, ils battront en brèche par tous les moyens possibles le nouveau gouvernement. Si ce gouvernement résiste à leurs premiers assauts, il n'en sera ni plus fort, ni plus solide. Les princes, les nobles, les hommes importants du régime déchu useront de leurs richesses, et de toute leur influence pour le perdre complètement dans l'opinion publique.

Ils mettront en relief ses faiblesses et ses violences. De là naîtront des troubles, des agitations, de déplorables collisions. A de sanglantes répressions succéderont de sanglantes représailles. Le commerce et l'industrie en seront paralysés. Toutes les sources de la richesse publique sembleront près de tarir. Chacun pensera que la République est impossible, que c'est le gouvernement du désordre, le gouvernement de la canaille, et qu'il faut s'en débarrasser à tout prix. Si alors les hommes honnêtes, composant le gouvernement, parviennent à secouer le joug des hommes violents qui les dominent et les compromettent, ils ne sauveront pas pour cela la République. La plupart des citoyens ne comprendront pas le mécanisme compliqué de la République, ils n'en apprécieront point les avantages, et lui préféreront la simplicité mécanique de la monarchie. Les représentants que chaque province nommera pour former l'Assemblée nationale, ne s'entendront pas entre eux. Ayant des idées, des sentiments, des préjugés divers, approuvant les ardentes rivalités de leurs provinces respectives, ils ne penseront qu'à satisfaire leurs passions, celles de leurs commettants, au lieu de penser aux intérêts généraux, aux véritables intérêts de leur pays. Les membres du gouvernement, qui n'auront point la puissance souveraine des rois, ne pourront vaincre cet antagonisme, ces passions aveugles et égoïstes. Ils seront entravés en tout. Ils seront enchaînés, ils ne pourront accomplir aucune grande réforme, rien de fécond, rien de vraiment utile pour le perfectionnement de ce peuple. Leurs mandataires seront peu respectés, et mal obéis. Tous les grands services publics fonctionneront mal. Les abus se multiplieront dans toutes les branches de l'administration. Ce peuple s'abaissera, se corrompra au lieu de s'élever et de se perfectionner. La République ne pourra résister au mépris général. L'armée lui portera le dernier coup. Un matin, elle se prononcera en faveur du roi détrôné, ou d'un roi d'occasion, d'un dictateur quelconque, et l'étendard monarchique flottera à la place du drapeau républicain. La contre-révolution sera accomplie — Résultat logique et favorable au progrès, car il faut un pouvoir fort et respecté pour unifier un peuple, pour l'habituer au joug de la loi, le façonner, l'enrichir, pour le conduire de degrés en degrés, de progrès en en progrès à une forme supérieure de gouvernement.

Si, au contraire, ce peuple est un peuple nouveau, sans précédent, sans attache, sans partis monarchiques, la monarchie n'y sera pas établie, mais il n'en sera pas plus apte à bien se gouverner lui-même. Il sera livré à des factions rivales, qui se vaincront, et se tyranniseront tour à tour. L'ordre y sera souvent troublé, la paix publique compromise. Les malversations y seront nombreuses et journalières. Tous les abus y prendront des proportions énormes. Il n'y aura en dehors de l'action religieuse que l'excès du mal, ou en cas de complète anarchie, la nomination d'un dictateur temporaire, qui pourront changer cette situation, réformer ce peuple, le faire progresser, le faire arriver à sa véritable majorité. Le temps nécessaire à son éducation politique variera, suivant les circonstances où se trouvera ce peuple, suivant sa composition, sa sagesse et son bon sens, suivant son développement matériel, intellectuel et moral.

Si, pour détruire les principes que je viens de poser, l'on m'objectait que les républiques italiennes du moyen âge ont prospéré pendant de longues années, bien qu'elles ne fussent pas dans les conditions que je trouve nécessaires pour que les peuples puissent se gouverner utilement eux-mêmes, et que de nos jours, la république suisse et la grande république américaine, qui ne ressemblent en rien à ces anciennes républiques, me donnent un égal démenti, voici quelle serait ma réponse.

Je répondrai d'abord que les républiques italiennes du moyen âge ont été souvent déchirées par des factions rivales, et qu'en fin de compte elles sont retournées à la monarchie. Je dirai ensuite que ces républiques n'étaient que des républiques rudimentaires, des semblants de républiques, des oligarchies plutôt que des démocraties, puisqu'elles renfermaient de puissantes familles qui s'y disputaient et y occupaient constamment le pouvoir. Si ces républiques, soutenues par l'Église, ont eu cependant une existence troublée; si elles sont retombées sous le sceptre des rois, c'est qu'il manquait à leurs peuples bien des conditions pour être véritablement majeurs, et que ces conditions ne peuvent s'acquérir que lentement et successivement; c'est que les temps de la démocratie n'étaient pas encore venus pour les peuples. Il fallait que ces républiques fussent absorbées par les monarchies qui les environnaient, afin que leurs peuples s'unifiassent, se perfectionnassent et qu'ils pussent former plus tard de véritables et parfaites démocraties.

En ce qui concerne la république suisse et la république des États-Unis, je répondrai que ces deux républiques réunissent un grand nombre des conditions qui rendent les peuples majeurs. Puis j'ajouterai que ni l'une ni l'autre ne sont des démocraties modèles; qu'en Suisse, où la liberté de conscience, le plus sacré des droits de l'homme, est sans pudeur foulée aux pieds, une moitié de la nation opprime l'autre; que si, aux États-Unis, la liberté de conscience est respectée, la justice n'y est pas indépendante, qu'elle y est mal rendue, parce que les juges n'y ont qu'une existence dépendante et précaire; qu'il n'y manque pas de factions rivales, se tyrannisant réciproquement, et que les abus y sont immenses; enfin que le vrai socialisme n'est pratiqué ni dans l'une ni dans l'autre de ces républiques.

Non! certes! elles ne deviendront pas des monarchies, puisqu'il n'y a en elles aucun prince, aucune attache, aucun parti monarchique, mais elles auront à souffrir longtemps pour achever leur éducation politique et sociale et devenir de parfaites démocraties.

III

CHISTIANISME. — DÉMOCRATIE

Que les chrétiens qui condamnent la démocratie se rendent peu compte de l'influence sociale du christianisme ! Oh ! qu'ils manquent de foi dans le Christ, dans l'efficacité de sa rédemption !

Les paroles et les exemples du Christ ne peuvent rester sans effets ; ses paroles sont esprit et vie ; l'humanité ne peut oublier ses enseignements. N'est-ce pas lui qui a dit que tous les hommes étaient égaux devant Dieu ; et qu'ils ne différaient que par leurs vices et par leurs vertus ? Bien certainement il n'a pas aboli par là l'indispensable diversité des rangs et des conditions dans la société, mais il a montré que la puissance et la fortune ne constituaient pas la véritable supériorité pour l'homme. Le Christ a respecté les gouvernements et les puissances établis, le grand principe d'autorité, qui existe pour les démocraties comme pour les monarchies, puisqu'il a dit : Rendez à César, c'est-à-dire au pouvoir civil, ce qui est à César ; mais il a abaissé l'orgueil des superbes, et il a élevé les petits. N'est-ce pas lui qui a dit que tous, ils étaient frères, et qu'ils devaient s'aimer, s'éclairer, s'assister mutuellement ? Ces grandes et saintes vérités ont porté et porteront leurs fruits ! ne sont-elles pas la pierre angulaire du bonheur et de l'indépendance des peuples, le fondement du progrès humanitaire et de la véritable civilisation ?

Malheur aux peuples qui s'éloigneraient du Christ ! un terrible et inévitable châtiment ne tarderait pas à les atteindre. Ils seraient encore la proie des tyrans, des faux prêtres, des proconsuls et des courtisanes.

La rédemption a été complète. Le Christ n'a pas seulement régénéré l'humanité dans l'ordre surnaturel et dans l'ordre moral, il l'a régénérée dans l'ordre intellectuel et dans l'ordre matériel. Pour tout esprit réfléchi, il ne pouvait en être autrement, car la régénération du cœur et de la volonté de l'homme par la grâce divine devait amener le développement de son intelligence, et le développement de son intelligence devait produire l'amélioration des conditions de sa vie matérielle. Le Christ est venu pour réformer tous les hommes, redresser toutes choses, et l'on peut dire que d'une façon générale tous les hommes ont été réformés, et que toutes choses ont été redressées.

Est-ce que depuis l'apparition du Christ le monde n'a pas changé d'aspect? Les hommes ne sont-ils pas devenus moins cruels, et moins grossiers? Les mœurs ne se sont-elles pas adoucies? L'oppression des princes et des grands n'a-t-elle pas été réprimée? Les pauvres, les faibles et les petits n'ont-ils pas été protégés et assistés? Les orphelins, les vieillards et les infirmes n'ont-ils pas été recueillis et soignés? Les ignorants n'ont-ils pas été instruits? Les coupables n'ont-ils pas été réhabilités? Les barbares et les sauvages n'ont-ils pas été éclairés et transformés? Les lois et les institutions n'ont-elle pas été améliorées? La justice n'est-elle pas devenue plus intelligente, plus douce et plus régulière? Les lettres, les sciences et les arts n'ont-ils pas fait d'immenses progrès? L'agriculture, le commerce et l'industrie n'ont-ils pas eu un développement prodigieux? Enfin, est-ce que des torrents de puissance, de lumière et de vie ne se sont pas répandus sur l'humanité?

Oh! que l'on ne s'épouvante pas des progrès matériels des nations chrétiennes et surtout des nations démocratiques, de leur immense développement industriel et commercial! Que l'on ne dise pas que c'est un signe de corruption et de décadence! Non! C'est un fait providentiel. N'y a-t-il pas encore dans le monde de vastes continents habités par des peuples barbares et sauvages, aussi grossiers que farouches et cruels? Ne faut-il pas qu'ils reçoivent aussi la bonne nouvelle, qu'ils acclament aussi le Christ et qu'ils soient régénérés? Est-ce que ces hommes ne sont pas les frères des hommes civilisés? Est-ce qu'il ne faut pas que ces derniers travaillent pour leur être utiles, qu'ils fabriquent d'innombrables objets que pendant de longs siècles encore ces hommes ne pourront fabriquer eux-mêmes?

Oui! certes! il faudra de nouveaux débouchés aux nations chrétiennes et démocratiques, qui deviennent de plus en plus productives, mais ces débouchés ne leur manqueront pas! Les missionnaires chrétiens les leur procureront. Grâce à eux elles pénétreront dans ces contrées inhospitalières; elles pourront y commercer, y écouler les produits de leurs manufactures, et elles contribueront ainsi à la régénération de ces malheureux peuples.

Je le demande! est-il possible que lorsque l'esprit et le sang du Christ ont passé dans les veines de l'humanité; que ses préceptes de justice et d'amour, de sainte égalité, de lumière et de vie se sont infusés dans les âmes; que toutes les faiblesses, toutes les infériorités, toutes les misères, toutes les infirmités humaines sont combattues et diminuées; qu'une régénération, une transformation générale s'accomplit, est-il possible qu'il ne se produise aucun changement dans les rouages sociaux, dans la composition et l'organisation intérieure des peuples, dans les rapports existant entre les diverses classes de la société, dans le rôle qu'elles ont à jouer dans l'État? Non! C'est impossible!

Les progrès toujours plus grands de la civilisation, les découvertes de la science produiront de nouvelles sources de richesse, de nouvelles forces, de nouvelles combinaisons sociales; il sera créé de nouveaux produits, de nouvelles machines, de nouveaux instruments de travail; la faiblesse et l'isolement de l'individu seront remplacés par une puissante et féconde collectivité ; la famille elle-même, tout en conservant ses éléments essentiels, modifiera, surtout parmi les classes pauvres, ses conditions d'existence. Elle formera un jour des composés humanitaires, ou plutôt des communautés humanitaires qui ne seront que son image agrandie et perfectionnée. Si cette dernière innovation, entrevue par quelques hommes de la libre pensée, n'a donné lieu jusqu'à présent qu'à de stériles tentatives, à de ridicules avortements, c'est qu'elle ne peut être réalisée sans la force divine des vertus chrétiennes, c'est qu'elle ne peut être accomplie que par les disciples du Christ.

Il est impossible que, dans cet immense mouvement ascensionnel, les classes les plus nombreuses, les classes inférieures de la société soient stationnaires, que les conditions de leur vie matérielle ne s'améliorent pas, que leur niveau intellectuel ne s'élève pas.

Ayant plus de loisir et de bien-être, elles s'instruiront, elles s'éclaireront, elles se poliront chaque jour davantage, leur intelligence se développera, leur jugement se formera.

Peu à peu elles s'élèveront vers les classes supérieures de la société, et celles-ci s'inclineront vers elles pour former un tout harmonieux. Et l'on voudrait que cette sainte fusion disparût ! Non ! cela ne peut être ! Cette fusion, elle augmentera et elle augmentera encore, car les classes populaires suivront les progrès nouveaux de la civilisation chrétienne, et elles grandiront en lumières et en puissance. Ne faut-il pas que la régénération de l'humanité suive son cours, que tous les hommes soient réformés, que toutes choses soient redressées ?

Que doit-il résulter de cette marche ascendante des classes inférieures de la société ? Il doit en résulter forcément que ces classes, un jour ou l'autre, voudront établir le suffrage universel et participer au gouvernement de leur pays, parce qu'elles comprendront que les peuples ne sont pas faits pour les gouvernements, mais que ce sont les gouvernements qui sont faits pour les peuples, parce qu'elles comprendront aussi que, dans leur modeste sphère, elles sont bien quelque chose sous le soleil, qu'elles ont comme les classes supérieures des intérêts à défendre dans la société, et qu'il est juste qu'elles puissent les défendre. Qui pourra les en empêcher? Personne. Que feront alors les classes supérieures? Elles n'auront qu'un seul parti à prendre, si elles veulent obtenir la confiance et l'affection de leurs sœurs cadettes, et conserver une juste influence dans la direction de l'État, ce sera de faire en leur faveur de généreux sacrifices, que la loi naturelle ne commande pas, mais que commande la loi chrétienne. Et c'est ainsi que, grâce au Christ, la fraternité sociale s'établira dans le monde. — Voilà, les conséquences logiques des principes chrétiens. — Voilà la démocratie! — Qui donc osera dire devant Dieu et la main sur le cœur, que la démocratie est injuste et irrationnelle? Oh! si on la condamne, que l'on condamne aussi le Christ, qui en est l'auteur, le véritable auteur, puisqu'il est l'auteur de la ré-demption, et de la régénération du genre humain!

L'on me dira peut-être qu'il y a beaucoup de mal aujourd'hui chez les peuples chrétiens, qu'il s'y commet bien des crimes! Oui! certes. Je le sais, mais ces crimes sont partiels, individuels, et ne sont pas des crimes nationaux. Ils ne sont pas commis par les gouvernements, ils sont contraires aux mœurs et aux sentiments de ces nations. Ces crimes, du reste, ne sont pas commis par les vrais disciples du Christ, ils sont commis par ceux qui l'abandonnent et le renient. Ce que je sais aussi, c'est que ces crimes sont compensés par de nobles, de grandes, de saintes actions, et que le souffle de Dieu ne s'éloigne pas de ces peuples. Je sais encore qu'il peut y avoir de terribles orages, d'effroyables tempêtes chez les peuples chrétiens; que le sol peut être couvert de sang et de ruines, mais ces tempêtes, quelque violentes qu'elles soient, n'anéantiront pas ces peuples. Elles passeront, et lorsqu'elles se seront apaisées, ces peuples, châtiés et éclairés, reprendront sous un nom ou sous un autre leur marche en avant, leur marche ascendante et féconde, jusqu'au temps marqué par la Providence pour l'extinction terrestre de la race humaine.

IV

GOUVERNEMENT DÉFINITIF DE LA FRANCE. — FUSION DES PARTIS

La France possède aujourd'hui les conditions qui caractérisent la véritable majorité des peuples. Elle peut se gouverner utilement elle-même. Il est rationnel et opportun qu'elle soit en république.

Ce qu'elle a fait, il y a neuf ans, confirme les principes que j'ai posés. Etant devenue presque complètement démocratique, elle a saisi la première occasion favorable pour changer son gouvernement monarchique en un gouvernement républicain.

Si précédemment, et à deux reprises différentes, elle n'a pas conservé la République, c'est qu'elle n'était pas encore mûre pour cette forme de gouvernement, qu'elle n'y était pas assez préparée, c'est qu'elle renfermait encore trop d'attaches monarchiques, c'est enfin que les classes populaires y étaient trop ignorantes, trop inexpérimentées, trop peu au courant de leurs véritables intérêts. Aussi le général Bonaparte et le prince Louis-Napoléon, appuyés par l'opinion publique, purent-ils, sans beaucoup de difficultés, y rétablir la forme monarchique. Ce retour de la monarchie ne lui a pas été du reste inutile. Il a achevé son éducation politique, et l'a conduite à sa véritable majorité.

Tout porte à croire que la République ne sera plus remplacée en France par la monarchie, et qu'elle deviendra la forme définitive de son gouvernement.

Les princes et leurs partisans n'ont pas encore renoncé à leurs projets de restauration monarchique, mais ils sont impuissants.

Le peuple français, aujourd'hui, ne veux plus entendre parler de la souveraineté des rois. L'auguste représentant de la royauté de droit divin a bien peu de fidèles sujets, malgré son noble caractère, ses incontestables et grandes qualités. Les royalistes de droit divin, quelles que soient leurs manifestations, ne forment qu'une infime minorité dans le pays. La plupart des monarchistes, qui se sont réunis à eux dans ces derniers temps, ne sont pas de véritables légitimistes. Ils voudraient bien que le roi revînt, mais ils ne voudraient pas renoncer aux droits acquis par la nation. Ce ne sont en réalité que des monarchistes parlementaires et des impérialistes déguisés.

Les seuls ennemis un peu sérieux de la République parmi les royalistes, sont les monarchistes parlementaires et les partisans de l'empire, mais les uns sont annihilés par les autres. Un abîme les sépare, et jamais ils ne pourront se réunir ni s'entendre ensemble.

Sans parler de leurs princes respectifs, que de sanglants et brûlants souvenirs sépareront à jamais, leurs deux genres de monarchie diffèrent trop pour pouvoir se fusionner.

Les uns ne veulent pas du suffrage universel tel qu'il est établi. Ils veulent le restreindre et priver du droit de suffrage les citoyens qui ne possèdent rien. Ils appartiennent en général à la classe moyenne et à l'aristocratie d'argent ; ils prétendent incarner en eux la nation entière. Ils sont conservateurs et libéraux. Malgré leur inacceptable limitation du suffrage universel, ils représentent le principe de liberté, poussé même à l'extrême, puisqu'ils annihilent complètement le roi qui représente l'autorité, le pouvoir exécutif, et mettent ainsi ce pouvoir, dont la stabilité et l'indépendance sont nécesaires au progrès de l'administration, dans les mains du pouvoir législatif.

Les autres veulent conserver le suffrage universel tel qu'il

existe, mais ils entendent le diriger à leur gré. Ils veulent
déléguer la souveraineté du peuple à un seul homme, qui se
trouve par là investi de la toute-puissance. Ils sacrifient le
pouvoir législatif au pouvoir exécutif. Ils représentent le principe d'autorité poussé jusqu'à l'idolâtrie, puisqu'ils se font
un dieu de leurs propres mains.

Donc, entre ces deux partis, pas d'accord possible.

La France n'a plus à craindre de révolutions politiques,
mais elle a à craindre une révolution sociale. Les socialistes
athées, les communistes la menacent. Est-il possible que
l'on ne le comprenne pas! Est-il possible que tous les
hommes d'ordre, les honnêtes gens de tous les partis ne se
réunissent pas pour les combattre!

Il y a, parmi les monarchistes parlementaires et les
impérialistes, beaucoup d'hommes intelligents, beaucoup
d'hommes d'un talent et d'un mérite incontestables. Ces
hommes doivent avoir la noble ambition de servir leur pays
utilement, d'y faire le bien, d'y combattre le mal. Peuvent-
ils ne pas comprendre que leurs opinions politiques s'oppo-
sent à la réalisation de leurs désirs, et paralysent tous leurs
efforts!

Ne voient-ils pas que le triomphe de leurs partis est impossible : que l'empire, qui porte à tort ou à raison la responsabilité de nos revers, ne peut être rétabli, et que le retour à la monarchie parlementaire serait absurde, à moins
de restreindre considérablement le suffrage universel, ce qui
est impraticable? Ne voient-ils pas que les masses populaires,
qui ont pour elles la force du nombre et le droit légal, sont
foncièrement républicaines, qu'elles sont profondément hostiles à leurs principes et que tant qu'ils les professeront, ils
n'exerceront aucune influence sur elles.

Qu'avant les dernières élections législatives, ils conservas-
sent quelques illusions, quelques espérances, on le conçoit
jusqu'à un certain point, mais après!... C'était de l'aveuglement, car la vérité leur *sautait* aux yeux. Comment, en effet,

l'un ou l'autre de leurs partis aurait-il pu triompher, alors que leurs deux partis, réunis aux légitimistes et aux constitutionnels et vigoureusement soutenus par une administration peu timorée, n'avaient pu obtenir la majorité dans le pays ? Le triomphe de l'un de leurs partis était d'autant plus impossible, que ce parti aurait eu contre lui, non seulement tous les républicains qui forment la grande majorité de la nation, mais encore les autres partis monarchiques.

Si leur triomphe était impossible après les dernières élections législatives, ne l'est-il pas encore plus, aujourd'hui que le Sénat possède une majorité républicaine et que le nouveau président de la République partage les opinions politiques du Sénat et du Corps législatif?

Il y a des impossibilités que tout homme de bon sens est forcé de reconnaître.

Ils sont donc impuissants, radicalement impuissants, et ils ne peuvent raisonnablement conserver l'espérance de voir la situation se modifier à leur profit.

En pareil cas, que doivent faire des hommes intelligents, des hommes sages, de bons citoyens ?

Ils doivent faire ce qui leur est commandé par la raison, le bon sens, le patriotisme et le devoir. Ils doivent faire ce que réclament leur intérêt, l'intérêt des classes de citoyens qu'ils représentent, l'intérêt général de leur pays.

Je veux croire que c'est là ce que feront les hommes intelligents de l'empire et de la monarchie parlementaire.

Ils feront la seule chose qui puisse donner satisfaction à leurs aspirations légitimes.

Ils feront ce qu'a fait l'illustre Thiers, dont l'esprit clairvoyant reconnut dès le premier jour les besoins de notre époque, les nécessités de la situation actuelle.

Ils se rallieront à la République, et en s'y ralliant ils rendront à eux-mêmes, à leurs concitoyens, à la France, un immense service. Admettant comme les républicains le principe de la souveraineté du peuple, ils ne feront du reste qu'accepter la conséquence la plus logique de ce principe.

La République n'est pas le gouvernement d'une catégorie de citoyens. Elle est le gouvernement de tous, et tous les citoyens ont un droit égal à la servir, pourvu qu'ils reconnaissent publiquement sa légitimité, et qu'ils s'engagent à la servir fidèlement.

La transformation politique des hommes les plus intelligents du parti bonapartiste et du parti orléaniste amènera forcément la dissolution de ces deux partis. Quand une armée a perdu ses officiers et ses sous-officiers elle se débande et bientôt il n'en reste rien.

De nos jours on ne fait plus de sentiment en politique. Il n'y a plus de culte royal. On ne soutient les princes que parce que l'on pense qu'ils peuvent nous être utiles, être utiles à notre pays. Quand cette conviction n'existe plus, les princes sont bientôt abandonnés et l'on ne s'en occupe plus. Les peuples n'aiment plus les rois comme des enfants aiment leurs pères. Les rois ne sont plus à leurs yeux que les plus hauts fonctionnaires de l'État. Le dogme de la souveraineté de la nation étant admis, il faut convenir qu'il est rationnel qu'il en soit ainsi. C'est bien là un signe caractéristique de la fin de la royauté.

Il arrivera aux princes de l'empire et de la monarchie parlementaire ce qui est arrivé à l'auguste représentant de la monarchie de droit divin. Ils seront délaissés, et ils ne conserveront que de rares partisans et quelques intimes et fidèles amis.

La conversion républicaine des partisans de l'empire et de la monarchie parlementaire semble donc résulter de la force même des choses. S'ensuit-il qu'elle soit certaine ? Hélas ! non ! car Dieu a donné aux hommes la liberté de faire le bien et le mal, de remplir ou de ne pas remplir leur devoir, de soutenir ou de sacrifier leurs plus chers intérêts.

Néanmoins, comme il est fort rare que les hommes sacrifient volontairement et sciemment leurs intérêts les plus évidents et les plus chers, l'on peut croire et l'on doit croire

que tout se passera comme l'indique la logique et le bon
sens.

Toutes les idées gouvernementales des impérialistes et des
monarchistes parlementaires ne sont pas mauvaises. Les
uns et les autres chercheront à maintenir ou à faire passer
dans la République ce qu'il peut y avoir de bon dans leurs
principes. Ils aideront ainsi à l'accord de la liberté et de
l'autorité.

Leur fusion avec les républicains actuels aura une portée
immense, une immense utilité. Elle modérera le parti républicain, elle lui donnera une nouvelle force, elle l'empêchera
de tomber dans le radicalisme de mauvais aloi. On conservera tous les grands principes, sans lesquels aucune société
ne peut exister; tout en respectant l'intégralité du suffrage
universel, l'on corrigera ce qu'il peut avoir de vicieux. On
conservera l'unité du pouvoir exécutif, on lui donnera une
juste indépendance, en précisant et limitant ses droits avec
soin, afin d'éviter tout conflit entre ce pouvoir et le pouvoir
législatif. Enfin l'on donnera une bonne et solide mem-
brure au gouvernement de la République.

J'ai démontré, dans ma précédente brochure, qu'il était
facile de donner à la république, au suffrage universel, aux
grands pouvoirs de l'Etat une bonne et forte organisation,
pouvant procurer la sécurité au pays, et suffire à toutes les
exigences sociales.

Tout espoir de restauration monarchique ayant alors disparu, les vieilles formes de gouvernement étant mortes, les
hommes intelligents du parti catholique comprendront enfin
qu'ils ont fait fausse route en combattant la République. Ils
imiteront les hommes intelligents de l'empire et de la monarchie parlementaire. Voyant que le catholicisme perd du
terrain, parce qu'on le croit opposé à la République; que,
par ce motif, beaucoup de gens lui deviennent hostiles, que
les classes populaires l'abandonnent pour se donner aux

prêtres de la libre pensée, réfléchissant qu'en réalité la République n'est nullement contraire au catholicisme, ils se rallieront à la République, et ils s'y rallieront franchement, sans arrière-pensée. Est-il besoin d'ajouter que la plupart des catholiques suivront l'exemple de leurs chefs de file.

Le triomphe de la République sera complet, mais le péril que court la société ne sera pas encore conjuré. Elle sera toujours menacée par les socialistes athées, elle sera toujours sous le coup d'une révolution sociale.

L'action toute-puissante des disciples du Christ pourra seule la sauver.

V

LES CATHOLIQUES DEVIENDRONT SOCIALISTES

Les catholiques sont des hommes de foi, de dévouement, des hommes de devoir. Lorsqu'ils se seront ralliés à la République, ils en deviendront les plus fermes, les meilleurs, les plus ardents défenseurs.

Ils feront plus encore. Pleins d'ardeur pour le salut des âmes, pleins d'amour pour leurs frères malheureux et égarés, ils deviendront les champions du vrai socialisme, du socialisme chrétien, car ils ne pourront moins faire que d'en comprendre l'importance et l'absolue nécessité.

Ils seront forcés de reconnaître que c'est le seul moyen d'action qui leur reste pour ramener à eux et maintenir dans le devoir les classes populaires. Ils comprendront que le soin des intérêts spirituels de ces classes ne s'oppose pas à la défense de leurs intérêts matériels et que c'est par la défense de ces derniers intérêts qu'ils les ramèneront à Dieu,

puisque c'est en défendant ces mêmes intérêts que les socialistes athées s'emparent de leur esprit et de leur cœur, qu'ils
les entraînent dans l'athéisme et dans l'immonde matéria-
lisme.

Par les motifs que je viens d'indiquer, il me paraît certain
que les catholiques deviendront socialistes.

Ce changement accompli, ils verront bientôt revenir à eux
les classes populaires qui sont aujourd'hui leurs ennemies.
Ils ne rallieront pas tous les ouvriers, mais ils en rallieront
un grand nombre, les plus honnêtes, les plus intelligents,
les meilleurs, et le nombre de ces ouvriers sera suffisant
pour contre-balancer l'action perverse de ceux qui resteront
attachés au socialisme athée, ou autrement dit au communisme.

Marchant avec les classes populaires, les catholiques vaincront les résistances de tous les partis, et ils les obligeront
à devenir à leur tour socialistes.

La grande œuvre, la grande transformation sera accomplie. L'humanité sera entrée dans l'ère républicaine et socialiste.

Un avenir de calme et de prospérité s'ouvrira pour la
France. Les tiraillements, les convulsions douloureuses,
que produit l'enfantement de la vraie république et du vrai
socialisme, auront disparu. Les aveugles et funestes défenseurs des institutions caduques, abandonnés de tous, seront
réduits au silence. Les classes populaires, rassurées et satisfaites, ne gronderont plus comme la mer à l'approche de la
tempête. Les commerçants et les industriels travailleront
avec fruit et sécurité. La haute banque, la riche bourgeoisie
ne craindront plus d'être violemment dépouillées de leurs
richesses. Les nobles, les grands, les princes, redevenus de
simples citoyens, s'efforceront de conquérir, par leur mérite
personnel et par leurs services, la faveur populaire, afin de

conserver une juste influence dans le gouvernement de l'État. Enfin, les ministres du Christ, libres et respectés, se consacreront avec une nouvelle ardeur au salut des âmes, à la gloire de Dieu, à la défense des grandes vérités divines et morales, qui sont le vrai fondement de l'autorité, et seront le palladium du gouvernement républicain et socialiste, devenu le gouvernement de la France, le gouvernement des temps nouveaux.

Notre chère France se sera élevée d'un degré sur l'échelle mystérieuse qui, par la permission de Dieu, unit la terre au ciel. Comme toujours elle se sera engagée, la première, dans la nouvelle voie, car sa noble mission est d'être toujours, à l'avant-garde des nations, de marcher à leur tête dans le chemin du progrès.

Alors commencera le rôle grand et fécond, le rôle immense et magnifique de l'Église catholique.

Le vieil édifice politique et social n'existera plus. Par des perfectionnements successifs et providentiels il se sera complètement transformé. La pierre angulaire du nouvel édifice sera la nation elle-même, absolument souveraine. La nation aura dans les mains sa paix, son bonheur, sa prospérité, sa gloire, sa puissance et sa grandeur.

Sans l'Église catholique la France ne conserverait pas longtemps sa grandeur et sa félicité. Elle aurait le sort des grandes républiques païennes. La nation française aurait bien en son pouvoir tous les éléments pour être heureuse et prospère, pour rester grande et forte, mais étant souveraine absolue et étant encline au mal comme toute l'humanité, elle ne tarderait pas à se corrompre, elle deviendrait insensée, puis elle se décomposerait, et se dissoudrait, semblable à ces arbres splendides dont le cœur est rongé par d'immondes larves, et qui tombent tout à coup en poussière.

Tout le passé de l'humanité se dresse devant nous pour attester la corruption instinctive de l'homme. L'homme est libre, il peut faire le bien, mais le plus souvent il fait le mal;

sa faiblesse est extrême. S'il n'est pas retenu par un frein puissant, il ne résiste pas à sa nature déchue, à ses mauvais instincts, aux entraînements coupables de ses passions.

Dans l'antiquité païenne, les rois et les peuples souverains, les princes et les grands, abusant de la toute-puissance, ont commis des crimes inouïs, des crimes si grands que l'imagination en est épouvantée. L'Église catholique n'existait pas. Il n'y avait pas de frein pour les retenir.

Dans les siècles chrétiens, les grands, les princes et les rois, abusant aussi du pouvoir souverain, ont commis plus d'un forfait, plus d'un crime, mais l'Église catholique les a contenus et réprimés. Sans elle que n'auraient-ils point fait? Ils auraient égalé, dépassé peut-être leurs devanciers en cruautés et en infamies! Qui a bravé leurs sauvages fureurs? Qui a adouci leurs mœurs? Qui a modéré leur soif de bataille et de carnage? Qui leur a reproché leurs brigandages, leurs vols, et leurs assassinats? Qui les a éclairés et instruits? Qui a soutenu contre eux les faibles et les petits? Qui a broyé leurs gantelets de fer? Qui leur a mis le mors dans la bouche? Qui a condamné leur libertinage et leurs folles prodigalités? Qui les a fait trembler sur leurs trônes et dans leurs donjons seigneuriaux?

L'histoire nous répond : C'est l'Église, et l'histoire est un témoin que l'on ne peut faire mentir.

Pour dominer ces hommes dont la souveraineté déchaînait les mauvaises passions, l'Église dut prendre momentanément en mains le pouvoir temporel, qui ne fait point partie de son domaine. Ses ministres devinrent les égaux des plus hauts seigneurs, et son souverain pontife le maître des rois. Il le fallait pour sauver les peuples de la dégradation et de la mort, pour conserver la civilisation chrétienne, pour assurer le progrès et la régénération de l'humanité.

Les enfants des plus humbles artisans virent s'humilier devant eux les fiers barons et les puissants rois. Le Christ l'avait dit : Les derniers seront les premiers, et les derniers furent les premiers!

2.

Attirés par la toute-puissance de l'Eglise, les grands de ce monde accoururent vers elle. Ils demandèrent et reçurent les ordres sacrés. L'Eglise souffrit du contact de ces faux pasteurs, mais elle conserva intacts ses dogmes, ses principes de morale, et son organisation.

Toujours les plus petits des enfants du peuple trouvèrent place dans son sein. Toujours elle assista les pauvres, les faibles, les infirmes. Toujours, par sa composition et par ses communautés religieuses, elle donna l'exemple de l'autorité unie à la liberté, à l'égalité et à la fraternité.

Comme elle a eu à contenir et à réprimer les grands, les princes et les rois dans l'ère monarchique, elle aura à contenir et réprimer les peuples dans l'ère républicaine et socialiste.

Dans cette nouvelle ère, les peuples, comme je l'ai dit, seront des souverains absolus. Quelque bien préparés qu'ils puissent être pour excercer la souveraineté, ils n'en conserveront pas moins les passions désordonnées de l'homme.

Qui les empêchera de subir les fascinations de leur puissance? Qui mettra un frein à leurs folles aspirations? Qui leur donnera la modération et la sagesse? Qui maintiendra en eux l'esprit de justice? Qui leur donnera l'amour du devoir, l'esprit de sacrifice, et l'amour fraternel? Qui domptera leurs envieux désirs, leurs instincts sensuels, leurs passions brutales? Qui vaincra leur avarice et leur cupidité? Qui réglera leur ambition ardente? Qui rendra leur cœur humble et généreux, leur esprit élevé et droit, leur volonté puissante? Qui leur montrera qu'il y a des rêves humanitaires irréalisables? Enfin qui leur fera comprendre que sur la terre il y aura toujours parmi les hommes des inégalités de situation, de fortune, des inégalités d'intelligence, des inégalités physiques, mille autres encore, et que le mal et la douleur ne pourront jamais y être détruits complètement.

L'Eglise catholique, par son irrésistible puissance, pourra seule accomplir cette tâche.

L'action future de l'Église semble avoir été préparée par la main de Dieu. Les ministres du Christ ne sont plus comme autrefois de hauts barons, de puissants seigneurs ; ce sont pour la plupart des hommes du peuple sans puissance, sans fortune, sans titres et sans blasons. Comme l'honnête ouvrier, ils sont bons, courageux, dévoués, vigoureux d'âme et de corps.

Parmi eux, assurément, il y a encore quelques grands seigneurs, quelques hommes appartenant aux classes élevées, comme il y avait parmi eux autrefois des hommes appartenant aux dernières classes du peuple, car il faut qu'il soit bien prouvé qu'en tout temps et en tout lieu les distinctions de rang et de fortune n'existent pas pour l'Eglise du Christ.

Ces fils du peuple, qui sont devenus les ministres de l'Eglise, n'ont ils pas toutes les qualités voulues pour exercer une salutaire et indispensable influence sur une démocratie régie par le suffrage universel ? Ne sortent-ils pas des classes populaires qui sont les plus nombreuses ? Si, dans le moment, ils ont peu d'influence sur elles, c'est qu'ils n'ont pas compris leurs besoins temporels, les nécessités de notre époque ; c'est qu'ils regardent toujours le passé au lieu de regarder l'avenir.

Mais c'est là un fait accidentel et momentané. Du jour où ils seront devenus sincèrement républicains, et qu'ils soutiendront le vrai socialisme, le socialisme pratique, rationnel et chrétien, ils reprendront sur les classes populaires la légitime influence qu'ils ont perdue, et deviendront ainsi les plus fermes soutiens de la République.

Une nation se compose d'un certain nombre de citoyens. Une nation souveraine se compose de citoyens souverains. Pour contenir cette nation il faut agir sur chacun de ceux qui la composent. Les disciples et les ministres du Christ peuvent seuls pénétrer dans les familles et agir sur chaque individualité. C'est par le bien qu'ils font, c'est par leur charité inépuisable, c'est par les consolations, les soulagements, les conseils fraternels qu'ils donnent, que toutes les portes leur sont ouvertes! Leur action, bien dirigée, doit être immense, irrésistible. Ils auront pour eux et avec eux tout ce qu'il y a d'honnête, de pur, de noble, de généreux dans la nation.

Nul ne possède autant qu'eux la passion du bien, de la vertu, du dévouement, du sacrifice, l'amour embrasé de Dieu, et l'amour des âmes.

Quels sont les hommes capables d'aller, comme les missionnaires catholiques, se faire martyriser par les barbares et les sauvages du monde entier, dans le seul but de les éclairer, de les régénérer, en leur faisant connaître le Dieu éternel, le Dieu infini et son Verbe divin?

Sans les disciples et les prêtres du Christ, qui soutiendrait, qui pratiquerait, qui répandrait les principes d'amour et de sacrifice que le Verbe de Dieu a donné au monde? Sans eux, tout socialisme serait donc impossible, les justes aspirations des classes populaires ne pourraient être satisfaites et le triomphe plus ou moins rapproché des communistes deviendrait inévitable.

Le pape lui-même, dans l'ère républicaine et socialiste, aura une action immense, plus immense que celle qu'il a eu autrefois sur les rois absolus. Il n'aura plus à enlever ni à donner des royaumes aux princes, mais il aura à avertir et à condamner, au nom du Tout-Puissant, et devant tout l'univers, les peuples corrompus et coupables, qui fouleraient aux pieds, dans un accès de fièvre chaude, les grandes vérités morales et divines dont il est le gardien, vérités-plus indispensables aux nations démocratiques qu'à toutes les autres pour pouvoir vivre et prospérer. Ainsi ce vieux pontife, que l'on croit enfoui sous la cendre des siècles, se trouvera plus jeune, plus fort, plus grand, plus libre, et plus réellement puissant qu'il ne l'aura jamais été.

O grande Église du Christ, ô grande Église catholique, dans l'avenir comme dans le passé, votre rôle sera toujours le même, rôle de charité, rôle d'amour et de salut pour l'humanité. Vos principes ne changent pas. Ils sont ce que Dieu les a faits, et si les hommes ne leur font pas toujours produire tout ce qu'ils contiennent, c'est aux hommes qu'il faut s'en prendre, et non point à votre divine institution. A cette heure, ni les catholiques ni les républicains ne comprennent le rôle sublime, que vous êtes encore appelée à jouer dans l'ère nouvelle. Vous avez fait des miracles, et vous en ferez encore. Comme le Christ, vous avez en vous la puissance et la vie, vous avez la force de Dieu. Vous avez ressuscité le cadavre des anciens peuples, morts de leurs excès. Vous préserverez de la mort ceux qui vivent, vous les ferez marcher dans la voie du progrès, dans la voie de la régénération, et vous les conduirez au Dieu infini, au Dieu vivant et agissant, qui a fait de votre chef, dans l'ordre spirituel, le pasteur de l'humanité.

O grande Église, vos ministres n'habiteront plus de donjons féodaux, ils ne porteront plus le casque, ni la cuirasse d'airain, ni l'épée flamboyante ; il n'auront plus de vassaux, ils n'auront plus de palais somptueux comme dans les siècles passés ; mais ils habiteront d'humbles demeures comme ces grands apôtres que le Christ avait choisis lui-même pour être ses représentants ; mais ils porteront le casque de la sagesse, la cuirasse de la charité et du sacrifice, l'épée rayonnante de la science et de la vérité. Ils ne seront plus entourés de pompes mondaines, mais il seront entourés de la majesté, de la gloire de l'intelligence et du génie.

O grande Église, sous le marteau de l'épreuve, vous aurez éliminé toutes les scories de ce monde périssable et vous n'aurez conservé que votre essence immatérielle, que votre essence divine !

Et moi, catholique, je ne désirerais pas ce beau jour ! Oh ! oui ! je le désire, et je le désire du plus profond de mon cœur !

VI

AUCUNE INSTITUTION NE PEUT REMPLACER L'ÉGLISE

Quelles sont les institutions religieuses ou philosophiques qui pourraient remplacer cette grande Église du Christ? Quelles sont les institutions qui possèdent une organisation aussi puissante que la sienne : un chef auguste et infaillible dans le domaine de la foi, des ministres vénérables revêtus d'un caractère sacré, toute une armée de fidèles et invincibles soldats? C'est en vain que ma pensée parcourt le monde, je les cherche et je ne les trouve pas.

Serait-ce les sectes chrétiennes qui se sont séparées de ce tronc divin? Chacune d'elles est un arbrisseau sans racine, un corps sans tête. Elles n'ont pas de chef; leur organisme est incomplet, elles dépendent des princes temporels; elles suivent la fortune de ces princes; leur puissance est limitée. Leurs dogmes ne sont pas immuables et ces variations portent la mort dans leur sein.

Serait-ce le judaïsme? Non! car cette antique et sainte religion n'est plus qu'une ruine sacrée, sans action sur le monde, sans influence progressive pour l'humanité.

Serait-ce l'islamisme ? L'islamisme qui matérialise l'homme, qui l'écrase sous le joug comme un vil animal! Oh! non! cent fois non!

Serait-ce le boudhisme, le fétichisme, toutes les autres religions païennes existant encore? Inutile de répondre.

Serait-ce le spiritisme, dont les doctrines sont aussi diverses que ses médiums sont nombreux; le spiritisme qui se livre follement à des êtres inconnus, dont la puissance est fort limitée et dont les paroles sont souvent fallacieuses; le spiritisme qui compte parmi ses principaux adeptes tout le monde interlope des tireuses de cartes, des sorciers, des bohémiennes, des somnambules, plus ou moins lucides, de nos foires? Non! c'est impossible !

Serait-ce donc la franc-maçonnerie? La franc-maçonnerie qui cache dans les ténèbres le dernier mot de sa doctrine, qui s'enveloppe de ridicules mystères, qui fait subir à ses adeptes de puériles épreuves, reçoit dans son sein des hommes dont les opinions philosophiques et religieuses diffèrent essentiellement, qui ne palpitent pas du même cœur? Qu'est-ce que son grand-maître? Qu'est-ce que ses dignitaires? Des hommes du monde, qui naturellement pensent à leurs intérêts et aux intérêts de leur famille. Qu'elle soit une association humanitaire et charitable comme tant d'autres associations, rien ne s'y oppose, mais elle ne peut gouverner les âmes.

Alors serait-ce la philosophie, la science? Mais elle ne s'accorde pas avec elle-même. C'est un corps à plusieurs têtes. Est-ce que les philosophes, les savants s'entendent entre eux? Ne diffèrent-ils pas dans leurs théories, dans l'appréciation des faits, dans les conséquences que l'on en peut tirer? Les uns donnent à l'homme une seule paternité, comme le font les chrétiens; les autres, plusieurs paternités; d'autres encore lui donnent pour pères toute la série des animaux sans en excepter les plus immondes. Ceux-ci reconnaissent un Dieu éternel, infini et conscient; ceux-là, un Dieu immuable, immobile, inerte, qui n'est qu'une idéalité; ceux-là, enfin un Dieu inconscient, à la fois tout et partie, un Dieu qui est tout et qui n'est rien. Quelle peut être leur force dans le monde? Quelle action solide, durable, efficace, universelle peuvent-ils exercer sur l'esprit et le cœur des peuples? Ils n'ont pas d'organisation ; ils sont impuissants ; Dieu ne leur a pas donné la mission de conduire les peuples. Leur mission est d'étudier isolément le champ de l'univers, de le défricher, de le labourer et d'y faire germer la lumière souvent à leur insu. Ils honorent, ils grandissent l'esprit humain par leurs travaux, mais il ne peuvent dominer l'humanité.

Ah! serait-ce la libre pensée? la libre pensée sceptique et athée? Non! non! Il est vrai qu'elle fait des progrès en France, mais elle a des fondements de sable et de fange. Son point d'appui est le néant. Elle ne peut avoir qu'une force négative. Ses adeptes ne croient pas à l'immortalité de l'âme. Ils ne croient pas en Dieu. Sur quoi peuvent-ils fonder leur morale? Où font-ils plonger ses racines? D'où peut-elle recevoir la force et la vie? Oh! ils ont raison de le dire : leur morale est une morale indépendante, c'est-à-dire une morale qui permet à l'homme de faire tout ce que bon lui semble.

Où se trouvent leur auguste chef, les ministres vénérables de leur croyance, leur milice sainte, fidèle et dévouée? Ils n'en ont pas. Est-ce qu'ils sont mus par le même esprit, par les mêmes sentiments? Est-ce qu'ils ont le même cœur? Ont-ils transformé, régénéré des peuples? Non! Ont-ils au moins régénéré, perfectionné, amélioré les individus? A cette question répondent les salles d'orgie, les maisons de débauche, les bagnes et les prisons. Où sont leurs martyrs? Ils sont, ou du moins ils étaient, à la Nouvelle-Calédonie! Et quand je parle ainsi, je parle sérieusement. Ces incendiaires sont véritablement leurs martyrs. Ce sont eux qui ont joué bon jeu, bon argent (qu'on me passe cette expression), qui ont tout fait, tout tenté, tout sacrifié, et se sont sacrifiés eux-mêmes pour la défense des funestes doctrines sociales, des folles utopies, pour lesquelles ils s'étaient inconsciemment passionnés, et dont les apôtres de la libre pensée sont les véritables auteurs.

Non! non! je ne vois dans le monde aucune institution, aucune association, aucune réunion d'hommes, aucun homme, qui puissent remplacer l'action de l'Eglise catholique. Elle est l'Eglise, la grande Eglise du Christ, la colonne du sacrifice, de la charité et de la vérité. Jamais elle ne sera ébranlée, jamais renversée, jamais remplacée!

VII

CE QUE DISENT LES PARTIS

Cette ère du nouveau et du plus beau triomphe de l'E-glise du Christ, cette ère de paix, de grandeur, de prospérité pour notre chère France, tardera-t-elle longtemps à venir ? Sera-t-elle précédée par des convulsions douloureuses ? Je l'ignore ; mais j'espère que non, malgré tout ce que j'entends et tout ce que je vois. Si je ne jugeais les choses que sur leur superficie, et que je ne crusse pas à la puissance des situations, à la logique des événements, à l'action providentielle, je serais épouvanté !

Quel douloureux spectacle les hommes de tous les partis, en France, donnent aujourd'hui au monde ! Que de déraison, que d'inintelligence, que de fausseté, que d'amour irréfléchi, que de vaines passions, que de haines aveugles, que de rages impies, que de folies ! Le fétichisme monarchique et l'emportement clérical coudoient la fureur républicaine et la rage athée.

Ecoutez certains monarchistes. Voyez-les s'aborder d'un air consterné. Où allons-nous, disent-ils ? Où allons-nous ? La France est perdue. C'est aujourd'hui la dernière des nations, nous serons bientôt la proie de l'étranger. Le peuple est corrompu et irréligieux. Le suffrage universel nous tue. La Commune est à nos portes. Nous périssons !

La France périt, disent-ils, et que font-ils pour la sauver ? Que font-ils pour ramener les classes populaires dans le bon chemin ? Rien d'efficace ou presque rien. Loin de moi la pensée d'amoindrir les incontestables bienfaits de la charité privée. Mais ces bienfaits, quelque grands qu'ils soient, ne détruisent pas les vices de l'ordre social, et ne sont pas un remède suffisant pour les maux habituels des classes populaires. Ce n'est pas ainsi qu'ils sauveront la société. Les classes populaires veulent le maintien de la République, ils se prononcent pour la monarchie ; les classes populaires veulent des réformes sociales justes et rationnelles, ils n'en veulent pas. Le mot seul de socialisme les fait reculer d'horreur. Ils n'en veulent à aucun prix et sous aucune forme. Ils pleurent comme les filles des Juifs sur les malheurs de Jérusalem, attendant que Dieu, par un miracle, les délivre de la captivité républicaine et rétablisse leur vieux temple monarchique.

Ecoutez maintenant certains républicains : Nous sommes victorieux, mais le cléricalisme n'est point mort. Voilà le grand ennemi de la République! La France ne veut pas du gouvernement des prêtres. Avec eux la dîme serait bientôt rétablie, et nous aurions la guerre avec l'Italie. Que le peuple ne l'oublie pas! Nous retrancherons le budget du culte catholique, nous restituerons à l'Etat le monopole de l'instruction supérieure, laïque et obligatoire sera l'instruction primaire ; nous remplacerons dans les hôpitaux les sœurs de Charité par des servantes à gages ; nous chasserons les jésuites et les autres! Il faut museler le cléricalisme, ce qui équivaut à dire qu'il faut enchaîner tous les catholiques, car, pour ces républicains, tous les catholiques sont des cléricaux et tous les cléricaux des fanatiques, ce qui est une double erreur !

Mais du socialisme, des réformes vraiment utiles aux classes populaires, ils ne disent pas un mot, car ils ont le socialisme en horreur, autant, plus encore peut-être, que ne l'ont les monarchistes.

Voici d'autres monarchistes, plus belliqueux que les premiers. Ils ne rêvent que coups d'État, coups de force! Ils nous faut un sabre s'écrient-ils ! Que l'occasion était belle ! Il fallait la saisir! Quelle faiblesse extrême de ne pas l'avoir saisie à la volée ! Quelle culpabilité ! Qui donc nous débarrassera de cette exécrable République, de ce gouvernement de la canaille ! Du premier jusqu'au dernier, les républicains ne sont que des communards ! N'est-ce pas une honte de voir des gens de rien occuper des emplois importants dans l'État !

Mais si ces fonctionnaires sont des hommes honnêtes et capables, s'ils remplissent bien les fonctions dont ils sont chargés, est-il bien nécessaire, bien indispensable qu'ils sortent, comme Bacchus, de la cuisse de Jupiter ? Peu de gens en sortent aujourd'hui, et pour mon compte je m'en réjouis, car la noblesse chrétienne ne descend pas de Jupiter ; elle a pour aïeux ses propres mérites et ses propres vertus. Grand Dieu ! ces monarchistes parlent de coups d'État ! Mais le savent-ils ? Le sang coulerait à flots. Et qu'importe ! Il faut en finir.

A côté de ces monarchistes à outrance, voici des républicains, qui ne valent guère mieux. Ils jettent feu et flammes sur tous ceux qui ont aimé ou servi les précédents gouvernements. Charles X était un despote, son gouvernement était le gouvernement de la prêtraille. Louis-Philippe était un prince d'argent ; il y avait bien des choses à dire sur son compte ; son gouvernement était le gouvernement du tripotage financier et politique. Napoléon III était un monstre. Il n'avait aucune qualité, aucune vertu. Il n'a rien fait de bon, il n'a rien fait de grand, c'est lui seul qui a été cause de tous les malheurs, de tous les revers de la France. Que tous les serviteurs, que tous les partisans de ces anciens gouvernements soient tenus à l'écart comme des brebis galeuses ! Il faut tirer sur eux à boulets rouges ! Il faut les vilipender, les bafouer, les flétrir ! La République repousse le concours de pareils hommes. La République ne doit être servie que par les républicains purs, par les républicains de vieille date.

Mais est-ce là l'esprit de la vraie démocratie ? Est-ce que la démocratie ne comprend pas tous les citoyens ? Est-ce que la République est un champ fermé où l'on ne peut entrer qu'avec l'assentiment de quelques vieux tenanciers ? Est-ce en procédant ainsi que l'on affermira cette forme de gouvernement, qu'on lui ralliera tous les hommes de bonne volonté, et qu'on rendra son triomphe définitif? N'est-ce point là une criminelle violation du principe républicain? D'ailleurs, ce qu'ils disent de Charles X et de Louis-Philippe est-il bien exact? Le gouvernement de ces princes n'a pas été parfait, mais il n'a pas été mauvais en tout; eux-mêmes ont eu des défauts, mais ils ont eu aussi des qualités. Ce qu'ils disent de Napoléon III est-il complètement vrai? Pas davantage. Lui seul a-t-il causé les revers de la France? On ne peut l'affimer. N'est-on pas forcé de reconnaître que la nation n'était pas irréprochable et qu'il lui revient une certaine part de responsabilité dans les malheurs de la patrie? Tout ce que soutiennent ces républicains, il faut en convenir, est dénué de bon sens, de sagesse et de vérité.

Puis j'entend les cléricaux fanatiques qui jettent l'anathème sur toutes les idées modernes. La révolution de 89 est leur bête noire. Ils repoussent avec horreur tout ce qu'elle nous a légué. Il faut que l'humanité retourne au passé. Ils sont pour l'absolutisme en tout. Ils ne voient dans l'histoire qu'une époque glorieuse, le moyen âge et toujours le moyen âge. Leurs principes politiques sont ceux de Grégoire VII. Tous ceux qui ne partagent point leurs idées, ne sont que de faux catholiques, des loups dans la bergerie, plus dangereux que les impies.

Mais faut-il mettre la lumière sous le boisseau, ne faut-il pas qu'il y ait des contradictions dans le monde, ne faut-il pas rendre à César, c'est-à-dire à l'autorité politique, ce qui lui appartient? Le Christ a dit à saint Pierre de remettre le fer dans le fourreau. Il s'est livré à ses persécuteurs, aux puissants de ce monde, et pourtant il les a vaincus, il a triomphé! Il les a vaincus par la patience, par la douceur, par la charité, par le sacrifice, par la lumière et par la vérité.

Puis ce sont les indifférents, les insouciants qui regardent passer l'eau sous le pont, sans s'occuper de ce qu'il adviendra, et s'en vont fredonnant joyeusement et follement, sans même les comprendre, les refrains des uns ou des autres.

Mais ne voient-ils pas que leur insouciance est un crime, que l'homme doit se servir de la raison que Dieu lui a donnée, que leur devoir le plus impérieux est de connaître le chemin dans lequel ils s'engagent. Quand on marche en aveugle, ne risque-t-on pas de tomber? Quand on ne sait pas où l'on va, ne risque-t-on pas de se perdre?

Que d'aberrations! Que tous ces hommes entendent mal leur intérêt! Aucun d'eux ne comprend que, par leurs exagérations, leurs préjugés, leurs faux principes, leur manque de vérité, leurs insultes, leurs menaces réciproques, leur aveugle insouciance, ils se nuisent à eux-mêmes, qu'ils sacrifient leur pays, qu'ils se préparent et qu'ils préparent à la France de nouveaux malheurs.

J'entends encore autre chose, j'entends les clameurs des socialistes athées et des communistes! J'entends des paroles sinistres : Il faut proscrire toute religion, dissoudre la famille, abolir la propriété, défendre le mariage, affranchir l'humanité, asservir l'individu au profit des masses, frapper les prêtres, les riches, les grands, les princes et les rois, il faut que le sang coule et que chacun ait son tour.

Et ce sont ces hommes néfastes, qui gagnent du terrain sur le sol populaire, parce que les hommes d'ordre ne font rien d'efficace pour préserver le peuple de leurs séductions perfides, pour leur arracher leurs trop nombreuses dupes, leurs trop nombreuses victimes.

Hélas! ce n'est là qu'une faible partie de tout ce que j'entends et de tout ce que vois! Et cependant j'ai encore foi dans l'avenir, parce que j'aperçois un concours providentiel de circonstances, faites pour ouvrir les yeux aux plus aveugles. Je puis donc croire que les résistances les plus obstinées seront vaincues, que les répulsions les plus ardentes seront surmontées, que les vaines craintes seront dissipées, et qu'il s'établira une entente nécessaire sur l'élastique terrain de la République et du vrai socialisme. Oui, je puis le croire, car le péril et l'intérêt sont de bien grands maîtres pour les hommes, et souvent ils leur font prendre d'héroïques et sages résolutions, que leur amour-propre et leurs passions leur faisaient repousser, et qu'ils n'eussent jamais prises en d'autres circonstances.

VIII

SONT-ILS BIEN SINCÈRES?

Quand je réfléchis sérieusement et sans passion à tout ce qui se passe; quand j'analyse froidement les accusations réciproques des hommes de tous les partis; quand je pèse leurs paroles, leurs plaintes et leurs prétentions, leurs désirs et leurs regrets, je ne puis moins faire que de me demander s'ils sont tous bien sincères et bien désintéressés.

Quand les monarchistes royaux ou impériaux, nobles ou roturiers, outragent tous les républicains, même les plus modérés, en les confondant avec les communards; quand ils parlent de coups d'Etat, de compressions sanglantes; quand ils cherchent à compromettre les chefs de notre armée; quand ils disent qu'il faut à tout prix renverser la République; quand ils enflamment les passions des citoyens par leurs propos coupables ou menteurs, ne pensent-ils qu'à la France? N'obéissent-ils pas un peu à leur orgueil, à leur rancune, à leur égoïsme et à leur avarice? Les uns ne regrettent-ils pas la monarchie de vieille ou de fraîche date, la monarchie royale ou impériale, parce qu'ils y dominaient et que si elle revenait, ils y domineraient encore? Ne regrettent-ils pas un peu les avantages ou les privilèges qu'elle eur procurait? Les autres ne voient-il pas avec dépit que les classes inférieures veuillent s'élever, surveiller elles-mêmes leurs intérêts, participer dans une certaine mesure au gouvernement de l'État? Ne regrettent-ils pas leur ancienne et facile suprématie, les croix, les rubans, les honneurs et les fonctions qui leur étaient presque toujours réservés? Tous ne craignent-ils pas comme leurs adversaires les républicains, qu'il soit fait une répartition des impôts plus équitable, mais plus onéreuse pour eux; qu'il soit opéré dans les institutions de grandes et profondes réformes à l'avantage des classes populaires et à leur désavantage? Enfin, ne leur semble-t-il pas qu'ils sont d'une autre race que le peuple, et que c'est une honte qu'il ne soit pas comme autrefois à leur merci, sous leur complète direction? Je ne prétends pas que toutes ces idées, tous ces sentiments se montrent à nu dans leur âme. Je crois simplement qu'ils y existent d'une façon latente, et qu'ils ne sont pas sans influence sur l'injustice de leurs jugements, sur la fausseté de leurs appréciations sur leur fatal aveuglement.

Quand les républicains, soit-disant avancés, manifestent un immense effroi du cléricalisme, qu'il leur plaît de confondre avec le catholicisme, quand ils l'attaquent en toute occasion, quand ils soulèvent contre les religieux, les prêtres et les évêques les passions populaires, croient-ils bien que l'établissement d'un gouvernement théocratique soit aujourd'hui possible, que le peuple ait à redouter le rétablissement de la dîme, une guerre avec l'Italie? Ne savent-ils pas que le cléricalisme est au point de vue politique d'une impuissance radicale, qu'il est répudié par la presque totalité des citoyens, que même parmi les cléricaux il y a une foule de gens sensés et inoffensifs, qui n'en voudraient à aucun prix? Lorsqu'ils mangent sans cesse du jésuite et du prêtre, ne pensent-ils donc qu'à la défense du peuple et au salut de la République? Le cléricalisme n'est-il pas un peu pour eux une machine de guerre, ou plutôt un appât qu'ils jettent aux passions antichrétiennes des socialistes athées, afin d'obtenir leur appui et leur suffrage? Ne détournent-ils pas ainsi l'at-

tention des classes populaires des questions sociales, qui les
intéressent à un si haut point, questions vitales et brûlantes,
auxquelles pas plus que les monarchistes, ils ne veulent
sérieusement toucher? — Et quand ils flétrissent et frappent
d'ostracisme tous les serviteurs, tous les partisans des anciens
gouvernements de la France, ne veulent-ils pas un peu ex-
ploiter leur triomphe? Ne veulent-ils pas s'approprier le
gouvernement de la République, qui est le gouvernement de
tous les citoyens? En jetant l'injure à tous ces hommes, en
les méprisant, en les répudiant à l'avance, en les empêchant
de se rallier à la République, ne songent-ils qu'à la consoli-
dation et à l'avenir de la République? Ne songeraient-ils pas
aussi à s'assurer tous les honneurs, tous les emplois, toutes
les fonctions publiques? Ce sont là des questions que je me
pose, et qu'ils pourront résoudre en descendant dans le fond
de leur cœur.

Quand les ardents cléricaux, ces fanatiques admirateurs
du moyen âge, ces ennemis déclarés de toutes les idées modernes, lancent l'anathème sur tous ceux qui ne pensent
point comme eux, et qu'ils demeurent immobiles, les yeux
toujours fixés sur le passé, sont-ils bien certains qu'il ne soit
pas resté en eux une parcelle du vieil homme? Sont-ils bien
certains qu'il n'y ait pas dans leur cœur un brin d'ambition
personnelle, de puissance et de gloire mondaine? Ne sont-ils
poussé que par la gloire de Dieu et le salut des âmes? Je
veux le croire, mais l'homme se fait facilement illusion à lui-
même, et je ne serais pas surpris qu'à leur insu il n'y eût
dans leur zèle sacré un peu d'intérêt humain.

Ah! s'il en était ainsi pour tous ces hommes, est-ce
qu'ils n'auraient pas une grande culpabilité? Est-ce qu'ils
ne porteraient pas une immense responsabilité devant
Dieu?

Et quand les socialistes athées, les funèbres communistes
veulent abolir la propriété, détruire la famille, proscrire la
religion, brûler les églises, frapper les prêtres, mettre tous
les biens en commun, répartir à leur guise les charges, les

emplois, les fonctions entre les citoyens ; quand ils menacent
du couperet égalitaire les princes, les grands, les riches, tous
ceux qui ont une certaine fortune, un certain rang dans la
société, n'ont-ils en vue que le bonheur de l'humanité ? Ne
sont-ce pas leurs instincts, leurs désirs, leurs passions qu'ils
veulent satisfaire ? Leurs moteurs réels ne sont-ils pas les
convoitises de toutes sortes que renferme le cœur de
l'homme. Ne veulent-ils pas anéantir la société actuelle,
anéantir Dieu, parce que cette société condamne ces convoitises, les réprime, et que Dieu menace ceux qui s'y abandonnent, d'un inévitable et juste châtiment ? Il est possible qu'ils
finissent par s'aveugler eux-mêmes sur leurs mobiles secrets,
mais il n'y a personne autre qu'eux qui puisse se méprendre
sur le véritable but de leurs criminelles utopies !

Ah ! c'est vous, communistes, socialistes athées ; ah ! c'est
vous, malheureux frères, qui constituez le grand péril
social, c'est vous qui pourriez entraîner la France dans
l'abîme, lui faire subir encore de grandes épreuves dont on
ne saurait préciser la durée, si les hommes intelligents et de
bonne volonté de tous les partis ne se réunissaient pas, sur
le terrain de la République et du vrai socialisme, pour vous
combattre et arracher de vos mains les classes populaires
que vous égarez et que vous corrompez !

Mais, ô profondeurs des voies de la Providence, c'est vous,
peut-être, qui fortifierez cette société que vous voulez détruire, et qui ferez faire un grand pas en avant à l'humanité,
car sans l'immense crainte que vous inspirez, les importantes
réformes politiques et sociales que le progrès réclame, que
la situation exige, ne s'accompliraient pas. Vous n'en serez
pas moins coupables, mais votre culpabilité servira au moins
à un nouveau triomphe de l'esprit de sacrifice, de l'esprit
de lumière et d'amour, que le Christ est venu répandre dans
le monde.

Ah ! malheureux frères, vous nous détestez, vous nous
abhorrez, vous nous exécrez, et nous, nous vous aimons en

Jésus-Christ d'un amour fraternel, bien que nous soyons forcés de vous attaquer et de vous combattre à outrance. Cela seul devrait vous faire comprendre que Dieu existe, que vous êtes dans la voie mauvaise, et que nous sommes dans la bonne voie, car les sentiments d'amour fraternel que notre cœur renferme réellement pour vous, sont au-dessus des sentiments naturels que l'homme peut avoir, et Dieu seul peut nous les donner.

C'est ainsi que nous tous, hommes d'ordre, ou hommes de désordre, nous nous aveuglons nous-mêmes par nos passions, et que nous dissimulons souvent sous des étiquettes menteuses nos faiblesses et nos vices, nos fautes et nos crimes! Grand Dieu, quelle misère et quelle vanité! Grand Dieu, grand Dieu, éclairez-nous tous! Que les aveugles voient, que les sourds entendent, qu'ils se prosternent à vos pieds, et que fraternellement nous marchions tous ensemble dans la voie divine du progrès humanitaire. Et si la corruption humaine est tellement profonde que ma prière ne puisse être exaucée en entier, faites au moins que les meilleurs, les plus raisonnables d'entre nous reconnaissent leurs erreurs, et évitent à notre patrie le cataclysme social dont elle est menacée.

IX

CONCLUSION

Il est possible que par cet écrit j'excite quelque colère parmi les hommes de tous les partis.

J'ai dit la vérité sans détours aux uns comme aux autres.

J'ai recherché leurs sentiments les plus intimes, leurs mobiles les plus secrets, mobiles dont ils peuvent même ne pas se rendre compte. Comment ne m'en voudraient-ils pas? Et cependant ils ne devraient pas m'en vouloir, car j'ai agi sans amertume et sans haine; mais il y a peu d'hommes qui pardonnent à ceux qui découvrent leurs erreurs, ou leurs faiblesses.

Je ne serais donc pas surpris que, suivant la couleur de leur drapeau, ils ne me traitassent d'utopiste, d'illuminé, de faux républicain, de socialiste bâtard, d'odieux clérical, d'hérétique et d'impie. Si ces qualifications m'étaient données, je ne saurais m'en émouvoir, car je sais qu'elles ne subsisteraient pas, qu'elles se détruiraient les unes par les autres, et que bientôt il n'en resterait rien.

Les plus modérés diront, sans nul doute, que je ne suis qu'un rêveur, un poète, et que je me fais prophète, ce qui est de ma part une rare outrecuidance. Je répondrai simplement que mon rêve est peut-être l'image de la vérité, que les poètes ont souvent des intuitions que n'ont pas tous les autres hommes, et que je ne me suis jamais donné pour prophète.

Je n'ai fait que considérer, examiner attentivement tout ce qui se passe, tout ce qui existe, et en déduire les conséquences logiques. Bien certainement, je ne me suis pas incorporé aux idées reçues, comme un caillou à la plaine; je n'ai pas agi comme le mouton qui broute, sans y regarder, la brassée d'herbe qu'on lui présente. J'ai formé mes idées et mes prévisions, d'après l'intuition de mon esprit, sur les conséquences et les rapports, plus ou moins éloignés, qui résultaient des faits et des événements que j'avais à apprécier. C'est ainsi que chacun de nous peut rationnellement escompter l'avenir, sans être le moins du monde prophète.

Ainsi que ma précédente brochure, je livre celle-ci au public, sans me préoccuper du sort qui lui est réservé.

En publiant ces deux écrits, j'ai rempli mon devoir comme catholique et comme citoyen.

Je ne suis qu'un pionnier de l'avenir, un pionnier des temps nouveaux.

J'espère que de plus habiles que moi cultiveront le champ immense et fécond que je n'ai fait qu'explorer.

Quoi qu'il arrive, ma tâche est accomplie.

Que chaque homme de bonne volonté fasse à son tour dans sa sphère d'action ce que le devoir réclame de lui ! La Providence fera le reste.

TABLE

F. AUREAU. — IMPRIMERIE DE LAGNY.

F. AUREAU. — IMPRIMERIE DE LAGNY

F. AUREAU. — IMPRIMERIE DE LAGNY